Onde está a vida Bonita?

Editora Appris Ltda.
1.ª Edição - Copyright© 2023 do autor
Direitos de Edição Reservados à Editora Appris Ltda.

Nenhuma parte desta obra poderá ser utilizada indevidamente, sem estar de acordo com a Lei n° 9.610/98. Se incorreções forem encontradas, serão de exclusiva responsabilidade de seus organizadores. Foi realizado o Depósito Legal na Fundação Biblioteca Nacional, de acordo com as Leis n°s 10.994, de 14/12/2004, e 12.192, de 14/01/2010.

Catalogação na Fonte
Elaborado por: Josefina A. S. Guedes
Bibliotecária CRB 9/870

P667o
2023
	Pires, Alexandre Tannus
	    Onde está a vida bonita? / Alexandre Tannus Pires. – 1. ed. – Curitiba : Appris, 2023.
	    108 p. : il. color. ; 23 cm.
	
	    ISBN 978-65-250-4977-9
	
	    1. Memória autobiográfica. 2. Reflexão. I. Título.
	
	                                                                       CDD – 808.06692

Appris
editora

Editora e Livraria Appris Ltda.
Av. Manoel Ribas, 2265 – Mercês
Curitiba/PR – CEP: 80810-002
Tel. (41) 3156 - 4731
www.editoraappris.com.br

Printed in Brazil
Impresso no Brasil

Onde está a vida Bonita?

Alexandre Tannus Pires

Appris editora

FICHA TÉCNICA

EDITORIAL	Augusto Coelho
	Sara C. de Andrade Coelho
COMITÊ EDITORIAL	Marli Caetano
	Andréa Barbosa Gouveia (UFPR)
	Jacques de Lima Ferreira (UP)
	Marilda Aparecida Behrens (PUCPR)
	Ana El Achkar (UNIVERSO/RJ)
	Conrado Moreira Mendes (PUC-MG)
	Eliete Correia dos Santos (UEPB)
	Fabiano Santos (UERJ/IESP)
	Francinete Fernandes de Sousa (UEPB)
	Francisco Carlos Duarte (PUCPR)
	Francisco de Assis (Fiam-Faam, SP, Brasil)
	Juliana Reichert Assunção Tonelli (UEL)
	Maria Aparecida Barbosa (USP)
	Maria Helena Zamora (PUC-Rio)
	Maria Margarida de Andrade (Umack)
	Roque Ismael da Costa Güllich (UFFS)
	Toni Reis (UFPR)
	Valdomiro de Oliveira (UFPR)
	Valério Brusamolin (IFPR)
SUPERVISOR DA PRODUÇÃO	Renata Cristina Lopes Miccelli
ASSESSORIA EDITORIAL	Daniela Nazario
REVISÃO	Katine Walmrath
PRODUÇÃO EDITORIAL	Daniela Nazario
ILUSTRAÇÃO	Cláudia Queiroz
DIAGRAMAÇÃO	Bruno Ferreira Nascimento
CAPA	Lívia Weyl
REVISÃO DE PROVA	William Rodrigues

*Dedico este livro aos meus dois anjinhos: minha filha Vivian e esposa Ana, que moram vivas no meu coração, sendo ele símbolo do amor que tenho por elas. Beijos no coração, anjinhos da casa.
Aos meus avós árabes, Badui e Nabiha.
Meu avô, que ainda vive acordado dentro de mim. Não somente ele.*

AGRADECIMENTOS

Agradeço aos meus irmãos: Araken, Manoel (*in memoriam*) e Aloma (*in memoriam*).
Sem eles não sei o que seria de mim.

TENTANDO PEGAR COM A MÃO

Te amo deveria ser igual a bom dia
A gente acorda e: te Amo!
Depois, vem o abraço, ou os abraços
Para sentirmos aquilo que não vemos
Mas sentimos quando nos tocamos
Gosto, adoro
Quando você se inclina sobre mim
Me sinto bem quando eu
Me inclino sobre você

NOTA DO AUTOR

O tempo e o vento.

Hoje percebo que somos todos do mesmo mundo. Mas distantes no tempo. Eu, de outra geração, de um tempo marcado pela transparência, mais verdadeiro e real. Tentei mostrar como era a vida na infância numa cidade do interior, na época com cerca de 4 mil habitantes, onde nada passava despercebido e também não havia inimigos, apenas solidariedade. Como era lindo o meu mundo e como ele se transformou! Então pergunto: **Onde está a vida bonita?**

SUMÁRIO

O CIRCO 15

O POÇO 21

A VOLTA AO MUNDO EM 10 MINUTOS 25

NO ARMAZÉM DO MEU AVÔ 29

O CAMELÔ SR. KALI 33

ARMAZÉM 37

COMO ERA VERDE E VERMELHO MEU VALE 41

OS CAÇADORES DE VAGA-LUMES E SUAS GARRAFAS MÁGICAS ..45

O AVIÃO DE SANTOS DUMONT VOOU DE MARCHA A RÉ 49

QUERIDA MAMÃE 53

QUERMESSE 57

MEU PAI ME SALVOU 61

A CASA DO ZÉ TANNUS 65

FUTEBOL — PRIMEIRO TEMPO 71

FUTEBOL — SEGUNDO TEMPO 75

FUTEBOL — TERCEIRO TEMPO 79

FUTEBOL — QUARTO TEMPO 85

VIOLÊNCIA NO METRÔ DE SÃO PAULO 89

OS RATOS 93

AMIGA 97

ACONTECEU COMIGO 101

O ÚLTIMO PÔR DO SOL 105

O CIRCO

ONDE ESTÁ A VIDA BONITA?

Eu devia ter mais ou menos 7 ou 8 anos de idade, se é que era isso. Agora, com 65, não dá mais para me lembrar. A idade fica por conta da imaginação, mas o fato de ser criança, não. Eu estava em frente a uma loja de calçados, "Casa Pérola Calçados", na rua principal da cidade onde morava — Taquaritinga (SP) —, quando ouvi músicas e barulhos que se misturavam. Ouço o som dos tambores como se fosse hoje. Olhei para cima e vi uma pequena aglomeração. A rua era inclinada e as pessoas desciam juntas. Era o Circo! Eu nunca o tinha visto em minha vida. A princípio, eu só olhava, pregado no chão da calçada, até chegar o momento de o seguir também, junto com a multidão. Na frente, duas bailarinas, em seguida um palhaço com pernas de pau, que precisou se abaixar para passar por debaixo dos fios elétricos que atravessavam a rua lado a lado. O palhaço, equilibrando se habilmente, abriu as pernas para um fusca passar lentamente, por entre elas. Depois, um tigre enjaulado, mais adiante um mágico e, por último, eu. Assim foi passando o circo em minha vida. O circo desceu a rua principal da cidade, subiu outra paralela, entrou à esquerda até que chegamos onde se instalara, ao lado do cemitério municipal. Estou em casa, pensei. E me acomodei, sentado numa sarjeta. À minha frente, um homem gordão, de shorts, sem camisa e de chinelos de dedos, pegava grades e, (ia cercando tudo), encaixando umas às outras, ia e perfazendo um círculo na terra, envolvendo o circo. Agora, o circo estava pronto para a estreia, à noite: — Ei, garoto! Quer me ajudar? Se puder trazer estas grades, eu lhe dou um ingresso para o circo de hoje à noite. Você vai assistir ao espetáculo, falou o gordão. Não sei o que se passou pela minha cabeça, mas aceitei ajudá-lo. Agora, o circo estava pronto para a estreia, à noite. Ao terminar o serviço, sem falar com ninguém, fui direto pra casa, ansioso. Já estava tarde, quase noite. Eu estava todo sujo de terra e, para assistir ao espetáculo, precisava de um banho. Eu não fazia a menor ideia de que para entrar precisava comprar um ingresso. Entrei em casa correndo, passei pela sala de jantar onde minha mãe se encontrava na máquina de costura: "clak, clak, clak...". Eu ainda a ouvi dizer: — Onde você estava, seu moleque sumido? Cruzei a cozinha e fui direto ao banheiro. Tomei aquele banho de gato, engoli a comida e lá fui eu de volta ao circo. Chegando lá, fiquei bem em frente ao local de entrada, de braços cruzados, feito uma estátua e não via a hora de entrar. Eu via pessoas comprando o tal ingresso e adentrando. Na porta de entrada do circo, dois homens apropriavam-se dos ingressos e os rasgavam, colocando-os numa urna de madeira, em cima de uma cadeira. O tempo passava e nada do meu amigo aparecer. Houve um momento em que a estátua perdeu para mim. Eu estava petrificado. Meu amigo não apareceu. Mas apareceu uma mulher. Saia quatro dedos acima do joelho, toda amassada, blusa, xale e cabelos cor de prata, mal penteados, carrancuda e feia: — Ei, menino! Disse olhando direto para mim e fazendo um gesto com as mãos. Veio em minha direção e colocou a mão no meu ombro direito: — Você quer ganhar algum dinheirinho, garoto? Deixo você entrar para ver o espetáculo. Não respondi nada, mas fui entrando pela porta da frente. Circundamos todo o circo entre as arquibancadas de madeiras escalavradas e o picadeiro, passamos por debaixo de uma cortina que mais parecia uma colcha velha e chegamos a uma típica carruagem, atrás do circo. A velha senhora mostrou-me uma assadeira de alumínio com geleias coloridas. Eram três camadas que cobriam toda a assadeira. A começar por cima, as cores das geleias eram: transparente, branca opaca e vermelha. Com uma faca, ela cortou as geleias em vários pedaços retangulares, ajeitou a assadeira no meu braço esquerdo, deu-me alguns guardanapos de papel na outra mão e disse: — Vai, menino! Vá vender estas geleias para o público. Depois que você vender toda a assadeira, ganha um dinheirinho. Percorra toda a arquibancada. E lá fui eu, "firme", como um prego na geleia do circo, inseguro. Percorri as arquibancadas e entrei na parte das cadeiras, próximas do picadeiro. Não me recordo se parei para descansar. Do espetáculo mesmo, nem tive tempo de vê-lo, o palhaço! Afinal, depois de horas a fio trabalhando, olhei, cansado, para a assadeira e me faltava vender três pedaços de geleia. Eu não aguentava mais! Resolvi prestar contas, pegar meu rico dinheirinho e assistir um pouco do espetáculo. Afinal, eu merecia. E lá vou eu de volta para a carruagem, firme e forte, com os três pedaços de geleia que sobraram: — Parabéns, você vendeu quase tudo! Coma um pedaço, repetiu por duas ou três vezes. Ainda me recordo que fiquei na dúvida se queria ou não comer. Acabei comendo: — Agora,

ONDE ESTÁ A VIDA BONITA?

vamos fazer as contas... Você comeu um pedaço e dois pedaços estão quebrados. Descontando estes três, você recebe... E pingaram algumas moedinhas na minha mão. Olhei pra ela como quem comeu e não gostou. Ia saindo quando me chamou novamente e me indagou: — Quer vender mais? Eu então respondi: — Não, obrigado! — Olha, garoto, eu tenho mais um serviço para você. Um minuto, volto já! — Sentei me num banquinho de madeira e fiquei esperando me chamar. Passaram alguns minutinhos e ela: — Venha cá, menino bonzinho. E me levou atrás de uma cortina onde dava para ver todo o palco do circo: — Está vendo uma mulher com uma bola de cristal? — Sim. Estou vendo. — Segure este botãozinho, por favor. Quando essa mulher entrar no palco e falar: "estou vendo, estou enxergando...", você vira este botãozinho até a luz acender. Quando a mulher falar: "está tudo escuro, não estou enxergando nada...", você vira o botãozinho para o outro lado, até a luz apagar. Pingaram mais algumas moedinhas em minha mão. Até que não é tão ruim quanto vender geleia. Fiz o serviço várias vezes e não só assisti ao espetáculo, como também participei. Isso na minha vida não foi um perrengue, mas um acaso. Mas o que eu mais gostei no circo foi o globo da morte!

Onde está a vida bonita?

O POÇO

ONDE ESTÁ A VIDA BONITA?

Eu devia ter 4 ou 5 anos de idade. No quintal da casa do meu tio Whadi tinha um poço. Em uma das minhas visitas, semanas a se contar, pude vê-lo novamente, coberto de pedras. Está tampado. Deu uma tristeza, mas... A casa era enorme. Na frente, um armazém de secos e molhados. No centro e nos fundos do armazém, uma porta e uma cortina de pano colorida dividida ao meio. Por ali subíamos dois ou três degraus e estávamos dentro da casa. Seguia um corredor direto até os fundos. Dos lados do corredor, encontrávamos os quartos, salas, cozinha, banheiro, uma área livre feito varanda e, por fim, nos fundos, o poço! Meu tio chegou em Taquaritinga (SP) nos anos 1920 e, naquela época, era um lugar onde não havia nada ou quase nada, meia dúzia de gatos pingados. Tudo era terra e sem água encanada. Por isso, ele abriu um poço nos fundos da casa. Muitos vinham buscar água lá, havia até fila para pegar água na casa do meu tio. Não sei quem teve a ideia de fazer a proteção do poço — guarda-corpo, com tijolos na transversal; isto é, a parte maior do tijolo ficava no sentido do raio do buraco do poço, deixando o guarda-corpo bem espesso, do comprimento do tijolo. Imaginem um poço com três metros de diâmetro, todo aberto, e trinta de profundidade. Ainda me recordo: eu não subi no guarda-corpo, mas estava em cima dele e eu não sabia que estava ali. Não sei mesmo como subi. Quando percebi, virei para trás e vi meu tio Whadi correndo em minha direção, num desespero danado com as mãos levantadas e balbuciando palavras em árabe. Deu-me um abraço apertado e me tirou de lá. Foi ele quem salvou a minha vida.

Daqui por diante, se deu certo foi Deus.

A VOLTA AO MUNDO EM 10 MINUTOS

ONDE ESTÁ A VIDA BONITA?

A família Palomíno se estabeleceu em Taquaritinga (SP) nos anos 1950. Era uma família de cinco pessoas: papai, mamãe e três filhos (duas mulheres e um homem), o Fra — iniciais de Francisco, assim, carinhosamente todos o chamavam. Todos conhecidos e amigos de nossas famílias. Aliás, em uma cidade pequena, todos são próximos e conhecidos. Éramos quase vizinhos. A meio quarteirão do armazém do meu avô, ficava o estúdio fotográfico da família Palomíno. Estúdio com letras enormes e góticas: "Palomíno Fotógrafo". Era o único fotógrafo que existia em Taquaritinga e nas redondezas. Pessoas de todas as cidades vizinhas tiravam fotos ali: Jurupema, Guariroba, Santa Ernestina, São Lourenço do Turvo, Dobrada... O estúdio da família Palomíno tinha dois ambientes divididos por uma única porta de aço, onde os clientes eram recebidos, e o outro delimitado por uma cortina de pano — o estúdio propriamente dito, com seus guarda-chuvas prateados abertos e, em um tripé de madeira, a enorme máquina fotográfica, que registrava casamentos, a festa da cidade, conveniências e que também registrou a minha Primeira Comunhão, com um Jesus Cristo feito de Duratex e pintado de branco e preto. Lá estava eu diante de Jesus. Era admirável ver o Gordini vermelho brilhando todos os dias, estacionado em frente ao estúdio. Uma pérola na mão do Francisco, o Palomíno filho. Em um domingo, ele, o Francisco, que limpava, como sempre, o seu lindo e brilhante Gordini, fez-me um convite. Estendeu a sua mão em minha direção, chamou-me e disse: — Vamos dar uma volta. E assim eu o fiz. Desvencilhei-me das mãos de meu pai e me acomodei no banco da frente do carro. Ainda me lembro do ronco do motor, único e característico do Gordini. Ao me acomodar no banco da frente, como caronista, eu não via nada a não ser um céu azul e branco. Mas, ao sentir o carro se movimentar, eu apoiei, feliz da vida, os meus dois braços sobre o painel; meus dedos dos pés encostaram no chão do chassi e meus olhos ficaram esbugalhados, olhando para a frente. Dava para eu ver mais do que o céu azul e branco: dava para eu ver o mundo se movendo à minha frente. Foi a volta mais bonita que eu dei em minha vida: uma volta pelo quarteirão. A vida é diferente todos os dias, mas os dias não. A vida não se mede pelo tempo. Esqueça o tempo. Ninguém pode mexer naquilo que não existe. O tempo é apenas uma referência. Se o tempo existe, ele é um amontoado de coisas que eu gosto de fazer.

A Terra é azul.

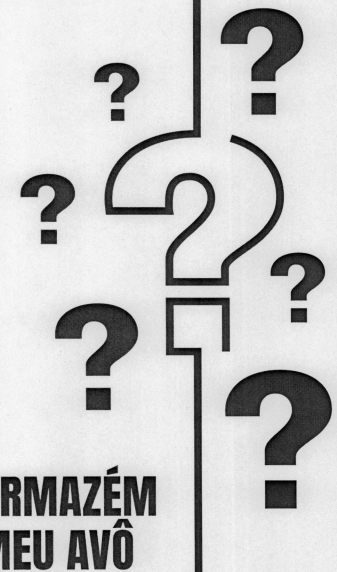

NO ARMAZÉM DO MEU AVÔ

ONDE ESTÁ A VIDA BONITA?

Meu avô Badui, imigrante libanês, chegou em Taquaritinga no início do século 20, após a escravidão. A casa que ele construiu tem a data impressa bem no alto do prédio: 1929. Casa de esquina. Casa de comércio. Conheceu minha avó no navio, vindo do Líbano, após cerca de 90 dias de viagem, repetia minha avó. Coincidência ou não, aqui seria o lar deles pelo resto de suas vidas. Seu lar e seu mundo. Pessoas simples, de hábitos modestos. Um comércio na frente e uma casa enorme ligada a ele. Meu avô transformou aquelas quatro portas de aço num grande armazém. Vendia-se óleo Sol Levante, bacias de alumínio, vinhos do Rio Grande do Sul, arroz, sacas de feijão, entre outros secos e molhados. Hoje, minha cidade tem cerca de sessenta mil habitantes, então imaginem sessenta anos atrás. Naquela época todos se conheciam. Era só atravessar a rua e eu estava no armazém e no colo do meu amigo e avô. Mas não era só meu avô o meu amigo. O vizinho também, vizinho do armazém. Éramos dois meninos e gostávamos de conversar e trocar gibis, conversar sobre as histórias dos gibis. Eu e meu amigo negociávamos assim: — Eu tenho o gibi número 2 do Super-Homem. Quanto você me dá por ele? — Eu tenho dois gibis do Batman, o número 15 e o número 20. Troco um por um, você aceita? — Os seus gibis têm as numerações maiores, seria fácil encontrá-los. — Troco os dois por um, você aceita? E o meu avô atento, de pé ao nosso lado, encostado na parede, observando. Quando atendia algum cliente, dizia: — Cliente não é só para uma vez, é para sempre. E nós brasileiros não sabemos disso até hoje. Erramos por conceitos e errar por conceitos é errar em cem por cento. E arrematou meu avô:

— Não precisamos de super-homens, só de homens!

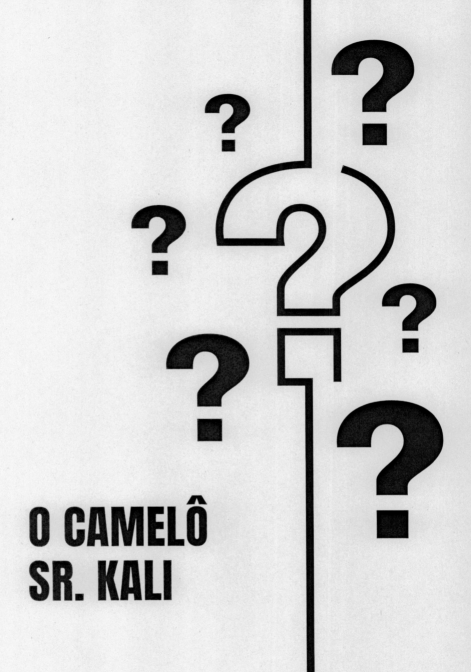

O CAMELÔ SR. KALI

ONDE ESTÁ A VIDA BONITA?

Acredito que em todos os lugares existam camelôs. Na minha cidade também. Tínhamos um bem conhecido, único. Alguns o chamavam de carreteiro, outros de marreteiro e alguns de camelô. Sr. Kali era descendente de alemães, magérrimo, alto, rosto fino, quase dois metros de altura e usava calças largas e suspensórios. Imagino que ele tinha apenas aquelas vestes, pois nunca o vi com outras. Sempre a calça azul-clara e a camisa branca, surrada e suja. Tempos atrás, diziam que ele era um excelente barbeiro, de fino trato. Depois do falecimento de sua esposa, passou a mendigar. Ele gostava de parar na pastelaria do Sr. Luis, que ficava do outro lado da rua, onde meu avô tinha um armazém, para contar suas moedas e seu rico dinheirinho, entre duas mesas pequenas e de costas para a rua. Enfiava as mãos nos bolsos e retirava amontoados de moedas e cédulas, todas amassadas. O Sr. Kali vivia cheio de penduricalhos. Parte do que meu avô vendia no armazém ele tinha em suas vestes e às vezes muito mais: pano de chão, de prato, colher de pau, panelas, frigideiras, cintos e chapéus, entre outros. Quando não vendia, pedia esmolas. E lá estávamos nós, eu e meu avô, em pé, em frente à porta do armazém quando o Sr. Kali veio em nossa direção e pediu alguma coisa, que eu não entendi o que era. Meu avô enfiou a mão no bolso, puxou um maço de notas, desfiou-as e pegou a nota mais nova, dando-a ao Sr. Camelô.

Notas velhas ou novas são todas iguais? Somos todos iguais?

ARMAZÉM

ONDE ESTÁ A VIDA BONITA?

Corriam os anos 1960. Eu media uns 80 centímetros de altura. Mal conseguia me apoiar nos balcões do armazém do meu avô. As partes superiores das prateleiras de madeira, que se estendiam até o teto, eram repletas de garrafas de vinho branco, cujos rótulos estampados apresentavam fotos de cachos de uvas verdes. Apesar de os rótulos estarem desbotados, as fotos eram de cachos de uva. As garrafas mostravam bem o que tinham dentro: um líquido esverdeado. Eis que chega um freguês, alto, gordo e de chapéu de aba larga. Ele encostou a sua barrigona no balcão de mármore avermelhado, quase em frente à pia, e chamou o meu avô: "Senhor Badui, me sirva um copo de vinho, por favor". E lá se foi o meu avô, homem alto, forte, com voz grave e olhos grandes, quiçá para o futuro. Acomodou uma escada de madeira na prateleira, subiu, pegou uma das garrafas de vinho branco e, descendo os degraus, passou-a para as minhas mãos. Depois, com um pano de prato, retirou as sujeiras empoeiradas. Serviu o cliente, que bebeu em um único gole e pediu outro copo. Serviu novamente, e ele bebeu mais uma vez o vinho em um único gole. Então, ele bateu o copo no mármore e disse: "Senhor Badui, marca na caderneta, depois nós acertamos". E assim o fez meu avô. Meu avô era um grande comerciante. "Nós temos dois armazéns, um dentro e um fora", ele me falou. Ele fazia conta de mais e de menos todos os dias, e sempre dizia: "O dinheiro custa ganhar", "Dinheiro não se mostra". Uma vez, não sei bem como tudo aconteceu, meu avô deixou que eu tomasse conta do armazém, sozinho. Acredito que ele tenha ido comer alguma coisa. Fiquei só e a garrafa de vinho branco também estava só, em cima do balcão, dando sopa pro azar. Não deu outra. Peguei um copo debaixo do balcão e comecei a tomar vinho branco. Não me recordo quantos copos tomei, apenas que o vinho estava delicioso. A família não entendia aquela zonzeira que me acometia. Subia com os pés e as mãos os quatro degraus que conduziam para dentro da casa, quando me acudiram. Até que encontraram a garrafa de vinho branco embaixo do balcão, vazia.

Nesses tempos, eu já atravessava a rua sozinho, e adentrava o armazém do meu avô, que sempre me esperava de braços abertos.

COMO ERA VERDE E VERMELHO MEU VALE

41

ONDE ESTÁ A VIDA BONITA?

Como era lindo o meu vale. Como era lindo o quintal da casa dos meus avós maternos. Para mim não foi apenas uma casa, mas um palacete. Foi ali, em 1929, no encontro das ruas Prudente de Moraes e da República que meus avós construíram um palacete. Se hoje conseguimos morar numa caixinha de fósforos, meus avós construíram seu palacete ocupando apenas um terço do terreno de meio quarteirão de comprimento; outros dois terços do terreno eram o quintal. Minha vó adorava a natureza. Lá havia muitas plantas. Pés de goiabas, mexericas, laranjas, peras e, acima de nossas cabeças, videiras verdes e vermelhas, além de um enorme galinheiro. Entre tantos pés de frutas, fizemos o nosso campo de futebol. De terra vermelha. Bem no centro ficava um pé de laranja, que não nos atrapalhava. Colocávamos nossos chinelos ou dois tijolos a certa distância, contávamos os passos e o gol estava pronto. Por isso, havia protestos e gritarias quando se fazia um gol. Mas não era só um gol, e sim um sonho. Não sei de onde apareciam tantas crianças para os jogos. Começávamos logo depois do almoço do domingo e íamos até anoitecer. Descalços e sem camisa. Não me lembro de quem trazia a bola. Era uma multidão de gente. Jair, Pedrinho, Jamil, onde estão vocês? Como era lindo o meu vale. Ali tinha o céu, o sol, as árvores. O verde das frutas e o vermelho do chão. Às vezes, me dá vontade de ser criança outra vez.

Eu era muito feliz e não sabia.

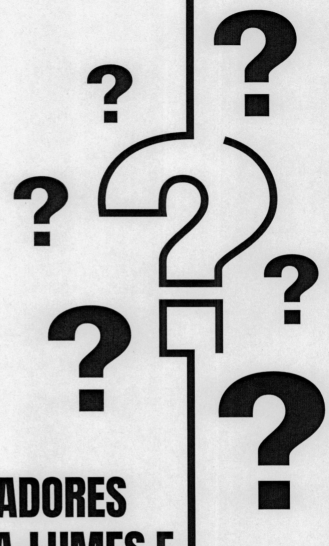

OS CAÇADORES DE VAGA-LUMES E SUAS GARRAFAS MÁGICAS

45

ONDE ESTÁ A VIDA BONITA?

Amigos e amigas, estejam todos a postos às oito horas da noite. Avisem a todos. Os vaga-lumes, com suas luzes verdes piscantes, vão chegar mais ou menos nesse horário. Eles vêm pela rua da República e vão cruzar a rua Campos Sales, esse é o caminho dos vaga-lumes. E lá estaremos nós. Não se esqueçam de trazer suas garrafas, vamos guardá-los. Todos a postos sentados na beira da calçada com suas garrafas. A minha era branca e transparente, eu poderia vê-los do lado de dentro. Os vaga-lumes chegaram aos milhares, pintando o imenso céu de pontinhos verdes. Eu saí correndo, comecei a pular, pegava os poucos que estavam ao meu alcance e colocava dentro da minha garrafa. Outros fugiam, eram muitos por todos os lados da rua. Eu corria de calçada em calçada e eles refaziam seus caminhos. Eram muitos. Assim eu caçava vaga-lumes na minha pequena cidade durante a infância. Na minha casa, tínhamos uma penteadeira onde eu deixava a minha garrafa, próxima à cama de dormir. Quando acordava não havia vaga-lume algum dentro dela. Acreditava que a garrafa era mágica. Ou seriam os vaga-lumes? Mas o que fizeram os vaga-lumes para serem presos?

Há momentos na vida nos quais as coisas são imperceptíveis para nós.

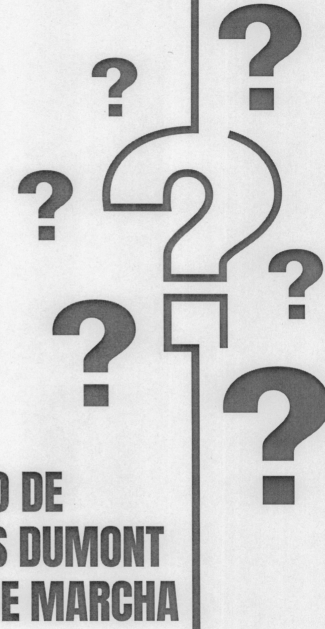

O AVIÃO DE SANTOS DUMONT VOOU DE MARCHA A RÉ

ONDE ESTÁ A VIDA BONITA?

Senhoras e senhores, ladies and gentlemen, messieurs et mesdames, amigos e amigas, venham todos, venham ver, venham para ser testemunhas da história, porque o dia é hoje, é 23 (vinteeeeeeee e trêssssss) de outubro de 1906. O espetáculo vai começar. Podem chegar mais perto. Venham todos. Toque a banda, maestro. O futuuuuuuro chegou! Será que foi assim? Que Alberto Santos Dumont, com seu chapéu na mão, abanando a todos os presentes, anunciou sua descoberta? Há de se conferir se ele gritou várias vezes para uma pequena multidão, ou imensa plateia no Campo de Bagatelle, na França, em 1906 para mostrar um invento que iria deixar o mundo a seus pés. Santos Dumont foi para a França em 1897. O 14 Bis levantou dois metros do chão durante sete segundos. Dois metros do chão! Parece pouco para voar, porém uma imensa distância para a humanidade. Eu o vejo como um avião diferente dos que são produzidos nos dias atuais. Todos os aviões que conheço têm asas na frente. O 14 Bis não tinha, somente atrás, mas conseguiu sair do chão. Enfim, o avião de Santos Dumont voou de marcha a ré! Para mudar o mundo (para melhor), muitas vezes nos enganamos. Farnswort — o menino de Utah, ficou emocionado e sabia que era ele o inventor da televisão. Ao ver que seu invento permitiu visualizar o homem pisando na lua: "Um pequeno passo para o homem, um salto gigantesco para a humanidade" — disse o primeiro homem a pisar em outro corpo celeste. E Santos Dumont, ao ver que seu invento foi utilizado para incrementar duas guerras mundiais? Hoje, esperamos que os aviões subam e desçam com segurança e tranquilidade.

Afinal, para que servem as esperanças?

QUERIDA MAMÃE

ONDE ESTÁ A VIDA BONITA?

A Vila Resende era um corredor imenso. Do lado esquerdo, a casa do Senhor Resende e família. Adiante, havia um corredor com várias casinhas, umas ligadas às outras, geminadas, e na rua principal da cidade, a loja do Senhor Resende, que se chamava Casa Resende. Ali se vendia todo tipo de brinquedos. No final do ano, vendia-se presépios, árvores de Natal, bolas coloridas, luminosos pisca-piscas, entre outros. A entrada da vila era larga e aberta. Não havia portão ou porteiros. O caminho era livre. Ali o aluguel barato atraía as famílias de baixa renda. Na véspera de um Dia das Mães, enquanto conversávamos em três, por volta das oito horas da noite, bem na entrada da vila, uma moradora carregava uma bolsa debaixo do braço direito e, na mão direita, um copo de vidro. Copo americano. Dava para ver, colado no copo, uma decalcomania (transporte de desenhos de um papel para outro papel, usados como enfeites ou tatuagens, retirados depois de umedecidos), de coração colorido vermelho e amarelo, escrito: "Querida mamãe". Num repente, o copo escorregou de sua mão e se espatifou no chão. Ela ainda tentou segurá-lo, mas foi em vão. Minha amiga começou a chorar e não sabíamos o que fazer, sequer nossas palavras a confortavam. Nunca vi tantas lágrimas. Talvez ela nunca tenha chorado tanto na vida.

Daquela noite guardo lições de humildade e simplicidade. Nós seres humanos não somos feitos de papel, muito menos de carne e osso, somos feitos de sentimentos. A vida são sentimentos.

ONDE ESTÁ A VIDA BONITA?

— Aonde vamos? — Para a quermesse, disse o Dedé. — Mas o que é quermesse? — Festa da igreja e é bem em frente à igreja velha, lá onde tem uma fonte luminosa na qual as sereias soltam águas coloridas pelas suas cornetas. — Ah, sim! Já sei onde é. Vamos! Eu não imaginava o quanto era grande uma quermesse. Barracas ofertando garapa e doces caseiros, um imenso galpão coberto de lona abrigando dezenas de mesas, um palco para banda de músicas e leilão. Também não sabia o que era um leilão, e do lado de fora ouvia os lances: "Quem dá mais por um frango assado e recheado?". Inimigos políticos disputavam os frangos e leitões com lances milionários. Havia uma multidão de pessoas. Acredito que todos, na vizinhança, nas esquinas da cidade, nos sítios, tiveram o mesmo destino hoje: a quermesse. Um desejo no correio elegante, recadinhos de amor num pedaço de papel. Eu passeava encantado entre as barracas, umas e outras. Já um senhor alto, magro, carrancudo e de chapéu jogava bolinhas de pingue-pongue em um escorregador pontuado de pregos. As bolinhas, em número de cinco, acredito eu, não tenho certeza, deslizavam para onde se contavam os menores pontos, o que é isto? Mesmo assim, contavam-se os pontos realizados de um a cinco, podendo perfazer com cinco bolinhas no máximo vinte e cinco pontos e, com essa pontuação, o jogador poderia ganhar uma TV de dimensões pequenas, preto e branco. O jogador ganhava um prêmio. Sempre tinha um prêmio, por menor que fosse a contagem. Assim, rápido e certeiro, se manifestou o senhor carrancudo que nem mesmo havia contado os pontos feitos pelas suas bolinhas: — Eu quero aquela garrafinha de vinho, apontando seu dedo indicador. Eis então que a senhora acompanhante do ganhador gritou: — Não. Eu quero a imagem de Nossa Senhora Aparecida. Discutiram muito, o que eu não sei. Depois de muita briga, a senhora levou a imagem e se deu a beijá-la, melhor e mais feliz, um verdadeiro troféu. Quanto a mim e também ao Dedé, prometemos voltar!

Quem compreende você é só você?
É fácil ou difícil fazer as pessoas melhores e mais felizes?

MEU PAI ME SALVOU

ONDE ESTÁ A VIDA BONITA?

Aconteceu na escola. Tínhamos apenas 11 anos de idade. Por volta disso. Acomodávamo-nos em carteiras duplas, dois alunos em uma mesma carteira, confortavelmente. O L. e eu sentávamos um ao lado do outro. Debaixo do tampo de madeira, guardávamos o material escolar, com nossas lições e cópias diárias. Lembro-me de que havia aulas nos três períodos. O L. e eu estudávamos no período da manhã. Certa vez, ao chegar na sala de aula, o L. já estava sentado em seu lugar mexendo debaixo da carteira, talvez colocando ali seu material escolar. Mas o que ele fez foi pegar algo esquecido de algum aluno do período noturno e colocar dentro de sua bolsa. Já, em casa, a mãe de L., ao abrir a bolsa escolar de seu filho, viu que havia algo que não lhe pertencia. Chamou o pai, que questionou o garoto: — Onde você achou isso? — Estava debaixo da carteira e eu peguei... — Por que você trouxe para casa? — Os colegas incentivaram e eu peguei. — Amanhã, ao chegar na sala de aula, a primeira coisa que você vai fazer é entregar isto para a professora e nunca mais pegue o que não é seu! Naquela manhã, L. chegou na escola atrasado. Família de sitiantes, dependia do transporte escolar da prefeitura. Chegando à sala de aula, sentou ao meu lado, mas já era tarde outra vez. Num repente, a diretora entrou na sala com o aluno que tinha sido prejudicado pela subtração: — Qual é a carteira onde você esqueceu o tal "ferrinho?" — inquiriu, em tom autoritário. L. se levantou, pediu desculpas ao colega e devolveu o afeiçoado objeto. Em seguida, enfrentou o difícil trajeto até a sala da diretoria. Naqueles tempos, a família e a escola, fatores de sociabilidade, ensinavam e nós aprendíamos, sobretudo, a respeitar pais e professores.

Como era bom estudar na minha escola!

A CASA DO ZÉ TANNUS

ONDE ESTÁ A VIDA BONITA?

José Tannus era mais um da comunidade árabe. Ele tinha um comércio de panos e plásticos na rua principal da cidade. Ao lado da porta de entrada do seu comércio havia um corredor que seguia à sua casa, até os fundos da loja, e desembocava numa imensa área livre e coberta, na qual se acomodavam de dez a doze mesas redondas cobertas por um pano verde-musgo, em que as pessoas jogavam baralho. Os jogos aconteciam de manhã, tarde e noite. Sempre tinha gente lá à noite, e não era pouca. Todos gostavam de jogar baralho na casa do Zé Tannus, como ele era chamado. Meu tio nunca jogou. Pelo menos eu nunca o vi jogar. Acredito que apenas recebia a parte que lhe cabia. O barulho e a gritaria eram intensos e tinha os briguentos, mas eu mesmo nunca vi ninguém sair no tapa. Eram só discussões e as intrigas se estendiam de mesa a mesa. Mas, como toda regra tem exceção, num dia desses, presenciei uma discussão. Falavam alto e gritavam! Uns pediam silêncio, outros para falar mais baixo. Afinal, havia várias pessoas jogando. E a discussão foi se estendendo, não me parecendo que ia acabar tão cedo. Naquele tempo, os bancos viviam cheios de empregados, os caixas sempre lotados e as filas para receber um cheque eram intermináveis. Perdia-se horas para ir ao banco, imaginem dois bancos no mesmo dia. Para abrir uma conta, além de a pessoa apresentar documentos pessoais, havia uma fichinha de mais ou menos metade de uma folha de papel sulfite espesso, que mais parecia uma cartolina. Ali se registravam os dados pessoais e, por três vezes, a assinatura do cliente. Quando alguém pretendia receber um cheque, o empregado do caixa consultava a ficha do cliente bancário e comparava as assinaturas do cheque com aquela feita na fichinha, por ocasião da abertura da conta. Caso fossem coincidentes, isto é, com as mesmas características, o empregado do caixa pagava o valor do cheque. Na fila do banco, na minha frente, chegou a vez de um senhor gordo de rosto cheio ir ao caixa (acredito que era um chofer de praça, pois eu sempre o via jogando na casa do Zé Tannus): — Vamos juntos! — convidou-me. Eu era o próximo da fila. Disse ao empregado do caixa: — Vim receber este cheque. A atendente pegou o cheque, conferiu a assinatura e informou: — Não confere com a do banco. Veja o senhor mesmo, olha como foi assinado! — Fui roubado na casa do Zé Tannus — disse ele indignado, olhando de cabeça baixa para o cheque e a assinatura. Eu cruzei os braços, apoiados sobre o balcão de mármore, baixei a cabeça e comecei a dar risadas. Mas, como diz o ditado popular, quem ri por último ri melhor. Assim foi que o tal senhor retirou de sua carteira um outro cheque, assinado pelo suposto perdedor, cheque em branco, isto é, sem o valor e com a assinatura verdadeira. Preencheu o valor e retirou a quantia, não sei se a devida.

Enfim, dinheiro não some nem aparece, alguém perde e alguém ganha.

FUTEBOL – PRIMEIRO TEMPO

ONDE ESTÁ A VIDA BONITA?

Em cidades pequenas sempre tem um clube. Pelo menos assim o chamávamos. O clube tinha sua sede social no centro da cidade. Mas a sede de campo, de lazer, situava-se um pouco fora do centro. Tínhamos que andar bem até chegarmos lá. Depois da rua asfaltada, as ruas de terra avermelhadas. Na área de lazer, tínhamos três piscinas, sauna, duas quadras, mesas de tênis de mesa e um campo de futebol todo em terra, que chamávamos de campinho de areia. E nesse campo brincávamos, às vezes, discutíamos acalorados, exaltados. Porém, nunca brigamos. Foi nesse campo de futebol que tivemos um entrevero, o ZP e eu. No começo até faltava gente para jogar e buscávamos em outros lugares do clube. Quando reuníamos dez pessoas, formávamos um círculo para disputar o par ou ímpar e decidíamos quem iria jogar com quem, cinco de cada lado, com camisa e sem camisa e um terceiro par ou ímpar para saber quem sairia jogando. Uma vez fiquei sem camisa. Mandaram-me para o gol, mas não aceitei. Qualquer gol marcado trocava-se o goleiro, ou após quinze minutos de jogo. Assim todos poderiam jogar na linha e no gol. Mal tinha começado o jogo quando o ZP chegou e queria jogar, sem mesmo ter participado das divisões. Ele tinha que esperar quinze minutos até o tempo de jogo acabar, mas queria entrar de qualquer jeito e ninguém se ofereceu para sair e dar o lugar para ele. Foi quando disse em alto e bom tom: — Tira o Alexandre! Tira o Alexandre perna de pau! Revidei. Então, esse tal de ZP entrou em campo e enquanto corria atrás da bola nos intimidava, atrapalhando a todos. Foi quando um dos nossos jogadores resolveu parar o jogo. A discussão foi longe e só não saiu briga porque sempre tem a turma do deixa para lá: — Não saia, não! — alguns me defendiam e outros se mostravam indiferentes. A princípio, resisti. Depois, resolvi deixar o jogo, como bom jogador que sempre fui.

Pejorativo não seja feito: Alexandre sim.
Perna de pau não.

FUTEBOL – SEGUNDO TEMPO

ONDE ESTÁ A VIDA BONITA?

Dessa vez o futebol foi na quadra. Tínhamos acabado a aula de Educação Física no colégio e o professor Francisco nos autorizou a jogarmos até um determinado horário, desde que alguém ficasse responsável por devolver a bola na portaria de entrada para o servente do colégio. Alguém devolveu, e esse alguém não fui eu. E lá fomos nós. As bolas de futebol de salão de hoje são bolas leves. Naqueles tempos eram pesadonas. Pesavam três vezes mais que as de hoje e eram menores, cerca de um terço menor. Hoje, posso dizer que as bolas de futebol de salão são umas bexigas. Vocês conhecem futebol, principalmente quando se joga sem ter um juiz: — É lateral, Alexandre! É de frente, é de frente, é lateral — disse em voz alta o GL, repetindo várias vezes sob o mesmo tom. Talvez fosse apenas brincadeira. Não sei para onde estava me dirigindo, mas depois daqueles "é de frente, é de frente", peguei a bola e fiquei de frente para a quadra, entre o gol e o pau da bandeirinha.

Se vocês me virem falando sozinho, é que hoje eu só falo de futebol com quem entende de futebol.

FUTEBOL – TERCEIRO TEMPO

ONDE ESTÁ A VIDA BONITA?

Antigamente, as prefeituras colocavam um ou mais ônibus para conduzir as crianças e adolescentes dos sítios até as escolas. Buscavam-nas e as levavam de volta nas portas de suas casas com os pais esperando. Era assim que as crianças sitiantes estudavam. Ao lado da casa dos meus avós, estacionavam vários ônibus por volta do meio-dia e, principalmente, no período noturno. Ao lado do muro que separava a casa da calçada havia uma enorme goiabeira e seus enormes e entrelaçados galhos alcançavam a calçada. Ali, os alunos se deleitavam em puxar os galhos e pegar goiabas. Às vezes, quando anoitecia, ouvíamos o farfalhar das folhas. Eu sabia o que era aquilo. O ônibus vai partir, "bon appétit!". No último ano da escola, quinta série, tínhamos um colega que vinha com esses ônibus. Alto, quase dois metros de altura e sentava lá atrás, nas últimas carteiras da sala de aula. Seu nome: Davólio. Nome também do sítio onde morava: "Sítio do Davólio". Não sei bem quem foi. Talvez tenha sido o DC, que era muito amigo do Davólio, quem programou um jogo de futebol entre nós, da quinta série, e o pessoal do sítio. O jogo foi acertado para o próximo domingo à tarde e foi aí que começaram os problemas. Quem são os jogadores? Quantos? Nós temos jogadores o suficiente? Onde encontrá-los? Em outras salas de aula? E mais, como chegar até o sítio? A pé? De bicicleta? E os nossos pais, como conversaríamos? Em uma reunião descontraída, na hora do recreio, acreditei que chegamos a uma brilhante conclusão. O pai de um de nossos colegas tem uma fábrica de móveis. Ele fabrica mesas, cadeiras, sofás etc. E tem um caminhão-baú para suas entregas. Gostaríamos muito que esse pai dispusesse desse caminhão no próximo final de semana e de seu motorista também. A nossa necessidade, pensávamos, era que o motorista nos levasse, esperasse o jogo terminar e nos trouxesse de volta. Aliás, sãos e salvos. Não tínhamos como pagar qualquer dividendo. Bom dia, domingo! E lá fomos nós, felizes e ansiosos, na praça Dr. Aimone Salerno. O caminhão chegou, com suas portas traseiras abertas, redes de proteção de nylon, muitos colchonetes, mantas e cobertores populares. — Todos para o fundo do baú — convocou o motorista de sorriso largo e óculos fundo de garrafa. Para chegarmos ao sítio, um dos jogadores do próprio sítio foi na boleia do caminhão orientando o motorista. E lá fui eu, que nunca tinha chutado uma bola sequer, nem jogado em lugar algum. Tudo o que eu sabia a respeito de futebol é que a bola é redonda. Depois da estrada asfaltada e caminhos de terra, chegamos. A grande visão do templo do futebol. Alguns jogadores limpavam o pasto, isto é, o campo, retirando os animais que aparavam a grama. Uns boizinhos, umas vaquinhas etc. E mais um detalhe importante: somente um gênio conseguiria medir o quanto aquele campo de futebol era inclinado. Era ali que os "Davólio" se divertiam nos finais de semana. Para uma partida tão importante entre "Davólio" e "Quinta Série" tínhamos até juiz, o "Cama de Gato", um sujeito gordo igual uma bola, do próprio sítio. Deveríamos acreditar nele? Bem, vamos para o par ou ímpar. E começou o jogo. O primeiro gol dos "Davólio" foi de falta no primeiro tempo. Gol bonito. E o primeiro tempo terminou um a zero para o time da casa. Logo no começo do segundo tempo, empatamos. Gol do DC. E quase no final do jogo aconteceu um lance inusitado. A bola correu uns dois metros para fora do campo, saindo para escanteio. Assim mesmo o ponta alcançou a bola e cruzou para dentro da nossa área. O centroavante cabeceou e fez o gol. O juiz "Cama de Gato" apontou o dedo para o centro imaginário do pasto, validando o gol. Eis que não havia marca alguma no gramado, era tudo visual. Eu nunca soltei tantos cachorros entre outros animais para passear no parque ou no pasto, mas para cima do juiz. Foi bem uma matilha seguida de impropérios. O juiz "Cama de Gato", meio bêbado, possivelmente de pinga, levou tudo na diplomacia e justificou:

— **Foi vantagem no escanteio.**

FUTEBOL – QUARTO TEMPO

ONDE ESTÁ A VIDA BONITA?

Você pode não acreditar, mas fui expulso de campo duas vezes no mesmo jogo. Até o jogo iniciar, as brigas foram boas. Fui logo dizendo que não vou para o gol, só jogo na linha! Odeio jogar nessa posição, pois é como se eu não estivesse jogando. Depois de muita discussão, fomos para o meio de campo tirar dois ou um para ver quem começaria no gol. Ficou acertado que, após perder no dois ou um, o jogador somente poderia ser substituído mediante a autoria de um gol, a favor ou contra, ou seja, a cada gol feito ou sofrido, o goleiro poderia ser trocado, se ele assim o desejasse, ou se alguém fosse substituído iria inicialmente para o gol. Caso não houvesse gol, o goleiro ficaria o tempo todo no gol. Fui contemplado pelos deuses, fiquei na linha, mas por pouco tempo. Na minha primeira expulsão, eu não tinha como reclamar, uma vez que não sobrou tentativa alguma e seria mais uma vergonha qualquer insinuação. Eu me encontrava debaixo do gol naquele momento. O adversário driblou o goleiro e sequer precisou chutar forte. Foi apenas um toquinho na bola. Eu apenas estendi a mão, dei um pulinho e, com as pontas dos dedos, joguei para escanteio. Na verdade, eu não fui expulso definitivamente. Fiquei no banco de reservas por dez minutos e depois voltei. Foi como se eu tivesse levado um cartão azul igual ao que meu pai fazia: ficava meia hora sentado num banco de madeira de castigo, ansioso para sair de bicicleta. Enfim, a qualidade deveria ser vista nos treinamentos. Voltei para continuar jogando na defesa e se fosse necessário debaixo do gol, novamente. Não deu outra, pois o adversário veio com tudo para cima de nós, com a bola nos pés e a faca nos dentes. Dessa vez eu não estava debaixo do gol, mas corri o suficiente para com a casquinha da unha tocar na bola e colocá-la para fora de campo, antes dela entrar no gol. Fiz como um goleiro profissional. E foi assim que fui expulso pela segunda vez. Eu não gosto de discutir futebol com quem não entende de futebol. Logo no início do jogo, disse que não iria para o gol. Não gosto de jogar no gol.

Agora vejo que jogo melhor no gol do que na linha.

VIOLÊNCIA NO METRÔ DE SÃO PAULO

Acabo de entrar no trem do metrô de São Paulo. Olho para os lados e procuro algum lugar para sentar, afinal, vou longe. Sigo em pé do lado esquerdo da porta para quem entra no vagão, encostado na parede. Peguei o celular, abaixei a cabeça, como quem não está vendo ou observando. Este vai ser meu lugar no metrô até o fim da viagem. Daqui onde me acomodo, seguem quatro bancos. Dois encostados na parede do trem, à minha esquerda, e dois perpendiculares para pessoas especiais. Dali desce um apoio entre dois bancos, tubo de aço inox, vertical, fixado no teto e no piso do vagão. Nos dois bancos perpendiculares há um jovem casal, aparentando 25 anos. O marido é sorridente, simpático e indiferente. A mulher, ao lado do corredor, com uma criança de colo. Brincam e sorriem. Observo, mesmo interessado nos joguinhos do meu telefone celular. A criança abraça a mãe na altura do pescoço e, com a mão direita, segura o tubo de inox, tentando escalá-lo. Raspa os pezinhos no corpo da mãe, quer se elevar: — Para de mexer aí que eu tenho um chinelo dentro da minha bolsa! — esbravejou a mãe.

Você gostaria que alguém mais forte do que você batesse em você.

OS RATOS

ONDE ESTÁ A VIDA BONITA?

Foi meu primeiro emprego em São Paulo — capital. A empresa fabricava máquinas eletrônicas de escrever. Nós éramos em cinco pessoas no departamento de assistência técnica. Uma menina, a instrutora e três atendentes, incluindo o gerente responsável pelo setor. Somente eu era engenheiro, os outros colegas eram bons técnicos, faziam tudo muito bem. Durei um mês e meio nesse emprego. Tudo começou quando pedi ao meu gerente um desenho elétrico. Aleguei que gostaria de conhecer melhor o equipamento. O desenho era uma das partes mais simples do equipamento. Fui prontamente atendido. Devolva amanhã, comunicou-me. Porém, como eu já havia cumprido meu horário, por volta das seis horas da tarde, deixei o desenho dentro da gaveta da minha mesa, na qual não havia chaves. Coloquei-o por baixo de tudo, enxerguei-me então seguro. Mas, no dia seguinte, ao chegar para trabalhar, abri a gaveta e me dei conta de que o desenho não estava lá. Subtraíram-no. Eu ainda olhei mais uma vez, duas, três vezes para dentro da gaveta, folhei outros documentos, mas nada! Em vão! O desenho não estava mais lá! Ainda me lembro ingênuo e infantil, sem chão. Deveria ter levado comigo. Agora, só havia uma saída: procurar o gerente. Fazer o quê? Relatei o que havia acontecido. Ele chamou a todos para uma conversa. Para mim fora a menina. Eu sabia de muitas coisas, porém não tinha certeza. E o que penso que sabia não me interessava ir atrás para confirmar verdades. Eram apenas desconfianças. Por um momento, entendi que o melhor era ficar calado.

Os ratos estão nos pronomes.

AMIGA

ONDE ESTÁ A VIDA BONITA?

Esta história, contada por uma amiga, já passa dos trinta anos. A rua ainda era de terra, hoje não sei como está. Naquela casa moravam ele, ela e uma criança. Casa humilde. Marido e mulher trabalhavam em locais diferentes e em horários distintos. A criança ficava em uma creche da prefeitura, às vezes com a vizinha, a quem eram muito gratos. O marido saía muito tarde do trabalho e ficava difícil buscar a criança, tarefa essa que competia à mulher, todos os dias. Assim foi por muito tempo. A criança contava então com idade entre 2 e 3 anos. A mulher pegava ônibus e trem até o local do trabalho. Ônibus cheio de gente, o trem mais ainda. Por muitas vezes, era preciso viajar em pé. Gente suada. Dependurada. E na volta não era diferente. Corriam o ônibus e o trem. Até que numa quarta-feira a mulher comunicou à sua encarregada que não estava bem e que gostaria de voltar para casa mais cedo. Passou na enfermaria da empresa, tomou um remédio e foi dispensada. Para nunca mais voltar! Ela saiu mais cedo do serviço e da limpeza. E lá se foi de volta para casa, cansada, mas deu tempo de tomar um banho. Depois, passou na creche para pegar a criança e teve uma surpresa: o marido se adiantara. Apreensiva, acelerou o passo. Em casa: — Chegou cedo hoje? — O que aconteceu? — Fui dispensado do trabalho. — Não se preocupe. Logo aparece outro serviço pra você. E os dias foram se passando. A cada dia, mais um dia sem emprego, os dois contornando a vida. Outro dia, ao chegar em casa, a mulher surpreendeu juntos, na cama de casal, o marido e a vizinha. Num repente, um misto de ódio e raiva a tomaram. E, numa atitude inesperada, sacrificou a filha com golpes de faca: — De mim, você não vai levar nada!! Esta história, que minha amiga contou, não termina nunca. Vai se repetir eternamente, em outras casas, em outros condomínios, em outros terrenos, em outros lugares. Isso porque, à medida que o tempo corre, as múltiplas faces humanas vão se revelando.

Somos suaves e, ao mesmo tempo, violentos; enfim, múltiplos. Era isso que minha amiga procurava, no limitado espaço que a protegia.

ACONTECEU COMIGO

ONDE ESTÁ A VIDA BONITA?

Passei poucas e boas. Poucos viram e sabem o que passei. Sou grato por aqueles que me enxergaram. Fiz tudo para ser justo. Se é que sei o que é ser justo, pois é evidente que justiça é um conceito subjetivo, não me esqueci disso. Até me prejudiquei, não duvidando de mim mesmo. Dei um, dois, três passos para trás. Achei melhor perder agora para ganhar lá na frente. Sei lá. Alguns preferiram o inútil, outros a indiferença. Sobrou alguém. Ser inútil, esconder-se, foi a melhor forma que encontraram de se defender, ou para me prejudicar. Coisa que não aconteceu. Que bom, saí muito mais fortalecido. Nem imaginava tanto. Como é difícil perceber as pessoas. Mal perceberam que o que eu precisava, naquelas horas, era de ajuda. Essa era a hora da humildade e ainda guardaram mágoas, muitas, muitas mágoas. Isso foi nítido. Pelos gestos, pelo que se falava, pelo que ignoravam, pelo que foi feito. O que me deixa atravessado em uma espada. Minhas arrogâncias e bondades, infelizmente, não serviram para nada. Eu sei que, neste campo, bola alguma de futebol tem forma. Porém, nem tudo pode ser democracia, invisíveis não. A cada dia que passava, tinha um sentido de desmoralização. Perdíamos todos. Também aprendi a perder. Quanto tempo e quantas lições temos de aprender ainda? Lembremos que, lá na frente, há muita gente inteligente e humana, o que nos dá a certeza de que a inveja, o orgulho e o ódio estão em último lugar. Resta-me fazer contas. Pagar ou receber? Pagar ou receber o que e de quem? Da alma humana? Das leis da natureza? Da chuva? Do Sol? A quem devo recorrer nesse momento? Ao silêncio? Ao espelho? Às vezes eles são terríveis comigo. Não odeio o silêncio, nem o espelho. Faço alguma coisa à toa, mas não fico à toa. Assim, penso que engano o silêncio ou a realidade. Seremos assim como somos e para sempre? Por fim, deixem as mágoas para trás. Não vou fazer nada. Mesmo se quisesse, eu não consigo. O silêncio e o espelho me serviram de aprendizagem, foram meus amigos.

Deixem de se maltratar, pois o ódio só maltrata a si próprio. Nos abramos. Como?
Aconteceu comigo.

O ÚLTIMO PÔR DO SOL

ONDE ESTÁ A VIDA BONITA?

O Sol, a Terra e a Lua têm dia, data e hora marcados para se apagarem; e nós podemos, e devemos, nos pautar por tudo aquilo que não se apaga: respeito, amor, carinho, gentilezas... **Olha outra vez — o caminho.**

Primeira Comunhão - 1964 - Taquaritinga - SP